José Salvador Chávez Ferrusca

LOS INFIERNOS

SELECTOR
actualidad editorial

SELECTOR
actualidad editorial
Doctor Erazo 120 Colonia Doctores México 06720, D.F.
Tel. (52 55) 51 34 05 70 Fax. (52 55) 57 61 57 16

LOS INFIERNOS
Autor: José Salvador Chávez Ferrusca
Colección: Literatura juvenil

Diseño de portada: Carlos Varela
Ilustración de interiores: Alberto Henestrosa

ISBN 10: 970-643-983-8
ISBN 13: 978-970-643-983-3

Primera edición: marzo de 2007

Sistema de clasificación Melvil Dewey

868 M
CH 15
2007

Chávez Ferrusca, José Salvador.
Los infiernos- / José Salvador Chávez Ferrusca.--
Cd. de México, México: Selector, 2007.
96 p.
ISBN 10: 970-643-983-8
ISBN 13: 978-970-643-983-3

1. Mitología. 2. Literatura universal.

En memoria de mis padres
y con afecto al maestro
Arrigo Coen Anitúa†

Índice

Introducción

La palabra infierno proviene del latín *infernus,* que significa inferior, y seguro fue elegida porque varios pueblos de la antigüedad situaron debajo de la tierra al lugar adonde eran conducidas las almas de quienes en vida tuvieron una conducta reprobable. En el infierno, la tenebrosa oscuridad plagada de seres monstruosos y diabólicos servía para que las almas recibieran un terrible castigo por sus actos negativos.

Esto se confirma en los mitos y leyendas de civilizaciones de distintas latitudes del orbe. En el caso de los brahmanes de la India, el Naraka comprendía veintiocho regiones subterráneas donde residían los demonios o patalas. Los espíritus permanecían ahí durante una temporada para expiar sus culpas hasta la siguiente reencarnación.

En los países donde se ha difundido la concepción cristiana del infierno, solemos considerarlo como un sitio distante del inframundo en donde predominan el fuego eterno, los tormentos, los castigos y la desesperación. Debido a ello,

utilizamos frases retóricas vinculadas al mismo. Así, afirmamos que determinado lugar es un infierno (como las cárceles), cuando en él se sufre una condena o resulta insoportable estar o vivir.

De igual manera, cuando padecemos de un suplicio moral afirmamos que vivimos un infierno; al visitar un lugar demasiado alejado aseguramos que se encuentra en el quinto infierno; y cada vez resulta más frecuente la frase climática relacionada con el calor infernal provocado por el calentamiento de nuestro planeta.

Sin embargo, en su *Enciclopedia de los mitos,* Sandra Julián señala en forma atinada que en los tiempos homéricos dicho sitio de ultratumba era sólo el lugar a donde viajaban todas las sombras de los muertos. Lo mismo ocurría con los nórdicos, pues al Helheim —reino frío, gris, triste y aburrido de la diosa Hel—, iban a residir quienes morían a causa de una enfermedad o accidente. Pero en el infierno de los sintoístas japoneses, que no se ubica en un espacio subterráneo, sino junto al paraíso donde habitan las almas virtuosas, el castigo de quienes obraron mal en el mundo consiste en girar eternamente alrededor del paraje encantado al que nunca tendrán acceso.

Pensar en el infierno desde la más tierna infancia, o en la juventud, la madurez y no se diga en la vejez, cuando la incógnita sobre lo que ocurrirá al término de nuestras vidas se refuerza día con día, llega a producirnos temor, insomnio, pesadillas e incertidumbre. Sin embargo, este sitio también ha servido como fuente de inspiración de poetas, literatos, músicos, escultores y dramaturgos, además de que es objeto de estudio y análisis de filósofos, sociólogos, sicólogos y, por supuesto, teólogos.

¿Cómo pasar por alto *La divina comedia* de Dante Alighieri con su concepción de infierno conformada por nueve círculos, en cada uno de los cuales los condenados son sometidos a distintos tormentos, de acuerdo con la gravedad de los pecados cometidos? Otras muestras de literatura infernal son la obra magistral de Arthur Rimbaud: *Una temporada en el infierno,* y el texto *El diablo,* de Giovanni Papini. También son interesantes los estudios de Carl Jung sobre la relación entre los mitos y el psicoanálisis, por sólo citar algunos casos.

La curiosidad por el infierno, su significado y las distintas concepciones que sobre él se han formado al paso de los siglos en los cinco continentes del planeta, me han conducido a elaborar el presente libro. De manera sintética, documentada y sencilla *Los infiernos* le permite realizar un viaje simbólico a estos lugares para las almas, que han sido concebidos por diversas civilizaciones. Guiado en su recorrido por su servidor, le aseguro que, a pesar de lo escabroso, oscuro, peligroso, horripilante, gélido o quemante de los lugares que visitaremos, y de los demonios, fantasmas y seres monstruosos que haya en nuestro camino, lograremos regresar a salvo, con la ventaja de haber adquirido al final nuevos conocimientos sobre esta temática. Yo fui, regresé y no me arrepiento. ¿Quiere dedicar parte de su tiempo en este viaje a las diversas regiones infernales?

Creencias romanas de ultratumba

Desde que conquistaron Grecia, los romanos adoptaron poco a poco los dioses de la mitología helénica aunque, por razones lógicas, variaron sus nombres para darles un carácter latino. Entre las deidades que más veneraron destacan aquellas de la Tríada Capitolina, llamada así porque su templo se levantaba en el Capitolio. Júpiter, Juno y Minerva, llamados Zeus, Hera y Atenea por el pueblo helénico, conformaban la triada. Asimismo se veneró a la Victoria, Niké entre los griegos, diosa del triunfo, la fortuna y la suerte.

Por lo que se refiere al mundo de los muertos, los romanos creían en Orco, nombre derivado del sustantivo *horkós:* "juramento". A pesar de que los romanos adoptaron a la corte de dioses griegos, Orco parece formar parte de su panteón autóctono. Después recibió el nombre de Dis Pater y, al darse la influencia helénica, se transformó en Plutón, que corresponde al Hades de los griegos. Orco reinaba en un sitio oscuro, triste y deprimente a donde llevaba las almas para mantenerlas en prisión eterna. Este dios también

fue denominado *Dis Pater* y después, al darse la influencia helénica, se transformó en Plutón (el Hades de los griegos). Al reino de Orco, al estilo helénico, se tenía acceso por entradas misteriosas, como la ubicada junto a un lago volcánico misterioso del sur de Italia, cerca de Cumas, denominado Averno.

Los romanos consideraron que, al morir, las almas bajaban a los dominios del dios Plutón y debían cruzar una laguna de aguas fúnebres. Caronte, un ser esquelético infernal, guiaba la barca para cruzar al otro lado; a él era preciso pagarle sus servicios con una moneda. En la otra orilla se topaban con Cerbero, el enorme perro feroz de tres cabezas que asustaba al pasar. Luego de un largo camino por una llanura, las almas se encontraban al fin en el palacio de Plutón. En el recinto divino eran juzgadas para dictaminar si vagarían por toda la eternidad en aquel sitio lúgubre, si podrían disfrutar de los Campos Elíseos o serían condenadas al Tártaro, donde recibirían crueles castigos debido a la mala conducta que habían desarrollado durante sus vidas.

A Plutón se le asoció con un par de diosas muy importantes relacionadas con la fertilidad: Ceres (deidad de los cereales, correspondiente a la griega Deméter) y su hija Proserpina (Perséfone). Según la leyenda de origen griego, cierto día, Proserpina recogía flores en el campo cuando pasó cerca de ahí Plutón en su carro mágico y quedó prendado de ella al momento. Sin dudarlo, la raptó y se la llevó al Hades, donde la hizo suya y la tomó por esposa. Mientras tanto, Ceres, la madre de

la joven, la buscó por todos los sitios que frecuentaba, pero pasó el tiempo y no le fue posible encontrarla. Su angustia la hizo olvidar sus deberes como deidad del campo y entonces los árboles no dieron frutos, las plantas se secaron, el clima se volvió cálido y una gran sequía amenazó con acabar con la vida humana.

Júpiter, preocupado, tuvo que hablar con su hermano Plutón para pedirle que dejara libre a Proserpina. Aunque el dios infernal se opuso de manera rotunda en un principio, ofreció después, conmovido por los ruegos de Ceres, acceder sólo si su mujer no había comido durante su cautiverio. Sin embargo, sucedió que la bella joven consumió siete granos de granada. A causa de ello, hubo de proponerse otra opción: Proserpina pasaría medio año en compañía de su madre para alegrarla y garantizar la fecundidad de los campos, y el resto del año permanecería con su marido. El tiempo lejos de su hija, durante el otoño y el invierno, entristecía a Ceres; ésa es la razón de la caída de las hojas y la gélida estación del año.

Además de asumir estas creencias, los romanos consideraban que los espíritus de sus antepasados podían ayudar o perjudicar a sus parientes en su vida cotidiana. También pensaban que el fuego servía para evitar las malas influencias de los difuntos, por lo que algunos acostumbraban quemar los cadáveres, purificar la casa del fallecido y hacer ofrendas a los lares, o divinidades de la familia, durante nueve días. En otros casos, el cuerpo del muerto se colocaba en un féretro, se realizaba un funeral solemne y luego se le enterraba para evitar que su espíritu rondara la casa de sus deudos y provocara terror o mala fortuna.

Febrero se dedicaba a la purificación y se recordaba a los difuntos en las fiestas parentales. Asimismo, se visitaban las sepulturas, se colocaban flores en ellas y se dejaba comida y bebida en las tumbas, para que no pasaran hambre y se vieran obligados a salir de ellas a buscar alimento.

En mayo se realizaban las fiestas lemurias, pues los romanos creían que en esa época del año los lémures, espíritus malignos, rondaban sus casas y podían causarles graves problemas. Para evitarlo, el señor de la casa debía levantarse a medianoche, lavarse muy bien las manos e introducir nueve judías pintas en su boca. Después, descalzo, tenía que dar nueve vueltas a su casa. Al concluir cada vuelta, debía escupir una de las plantas que llevaba en la boca. Se suponía que esto atraería a los lémures, quienes seguirían al oficiante y se comerían las judías. Acto seguido, el señor de la casa se introduciría en ella sin voltear jamás hacia atrás. Una vez dentro, se dirigía a lavarse las manos, luego hacía sonar un *gong* y finalmente pronunciaba nueve veces unas palabras mágicas, que alejarían a los malos espíritus de su hogar por ese año. Como coincidencia, el nueve se repite en diversos asuntos que se refieren a los infiernos concebidos por muchos pueblos del mundo.

El reino de Hades

Hades es el soberano del infierno de los antiguos griegos y su nombre significa "el invisible". El infierno mismo se conoce también como Hades. En este lugar subterráneo, delimitado por la laguna Estigia, las almas deambulaban en un espacio lúgubre, triste y melancólico, privadas de la ansiada luz solar.

Tenía varias áreas que lo formaban, tales como el Averno, donde sufrían castigo los malvados; los Campos Elíseos, en los que paseaban las almas de quienes en vida habían alcanzado un alto rango espiritual; y las márgenes del Erebo, en las que vagaban durante cien años quienes no habían recibido sepultura.

Circe señala en *La Odisea* que el Hades estaba situado en el extremo del mundo, después del vasto océano. En su terreno infecundo y sombrío crecían álamos negros, sauces y otros árboles que jamás producían fruto. La mayor parte del suelo era cubierta por asfódelo, lúgubre planta característica de ruinas y cementerios.

El infierno helénico se comunicaba además a la tierra por medio de cavernas de insondable profundidad, como la de Aquerusa, en Epiro; la de Heraclea, en el Ponto; la del Cabo Ténaro y la de Colono, en un sitio dedicado a las euménides. También se consideraba que algunos ríos de curso parcialmente subterráneo, como el Aqueronte, constituían una ruta para llegar a las regiones infernales.

Guiados por Hermes, el mensajero divino, todos los muertos —buenos o malos— eran conducidos hasta el Hades; sólo que los primeros vivían felices, mientras los segundos sufrían castigos.

Se acostumbraba que al morir una persona, y poco antes de sepultarla, le pusieran una moneda u óbolo en el interior de la boca. Además de elevarse plegarias a los dioses para que fueran benévolos con el difunto, se le dirigían palabras para prepararlo a su viaje al mundo de la muerte. Se suponía que Hermes conduciría el alma del fallecido hasta los umbrales del Hades. En dicho lugar esperaba el esquelético barquero llamado Caronte, quien cobraba el óbolo que llevaba consigo el difunto como pago para trasladarlo en su lancha al reino del averno, a través de las aguas de la laguna Estigia.

Al llegar a la otra orilla, la sombra de la persona fallecida se encontraba con el fiero Cerbero, enorme perro monstruoso de tres cabezas. Aunque el canino imponía por su aspecto y ladridos, no hacía daño a las almas (no ocurría lo mismo si algún humano trataba de pasar cerca de él).

Pasado el susto, el difunto tenía que atravesar la gris y lúgubre llanura de Asfódelo. En ésta crecían escasos árboles cuyas ramas, inclinadas hacia el suelo, al ser movidas por el viento producían un sonido equiparable a un lamento.

Quienes en vida se habían caracterizado por su mediocridad eran condenados a vagar para siempre por dicho lugar sin encontrar el rumbo, tal como les había sucedido durante su existencia.

Las almas que eran capaces de llegar a los prados del Érebo, por el que cruzaban las frescas y límpidas aguas del río Leteo, solían calmar su sed en ellas y, al satisfacer su necesidad de agua, perdían todos los recuerdos que habían acumulado durante la vida. Cuando avanzaban hasta los límites del palacio real, tenían que ser juzgadas por Minos, Radamantis y Éaco. Estos sabios infernales decidían qué sendero seguiría cada alma.

El primer camino conducía a la región de los asfódelos, donde vagaba la mayoría de las almas debido a que, en vida, sus poseedores habían sido mediocres y el balance entre sus pecados y buenas acciones no les alcanzaba para aspirar a un sitio mejor. En él no había noche ni día, sino un permanente crepúsculo.

El segundo llevaba a los Campos Elíseos, lugar caracterizado por un sol brillante y eternos días esplendorosos, en donde reinaba Radamantis. Con amenos jardines, alamedas de ensueño, pájaros multicolores y fuentes de límpidas aguas, en estos campos no faltaban los opíparos banquetes y los vinos de la mejor calidad.

Por lo regular, soplaba una fresca y agradable brisa que iba acompañada de una mágica música de flautas y liras que producían un grato efecto tranquilizante.

El camino restante concluía en el Tártaro, mismo que tenía una enorme puerta de bronce a la entrada. A dicho lugar eran confinadas las almas malvadas, o cuyos poseedores habían osado desafiar a los dioses en vida. En cierto modo se parecía al infierno cristiano, pues distintos castigos se aplicaban a quienes moraban en él. Entre sus habitantes estaba Sísifo, quien durante su existencia fue rey de Corinto y se atrevió a encadenar a la Muerte cuando lo visitó para llevárselo. Esto produjo que durante un tiempo nadie muriese, causando enojo al dios Hades. Hasta que Ares rescató a la Muerte, ésta pudo reanudar su tarea habitual. Como castigo, se impuso a Sísifo empujar una enorme y pesada roca desde el fondo de un valle, para tratar de conducirla hasta la cima de una colina. Cuando casi logró su propósito, la piedra cayó de nuevo y él se vio obligado a reiniciar su tarea.

En el Hades también residía Hécate, diosa lunar hija de Zeus y quien intervenía algunas ocasiones para presidir las ceremonias de expiación, en las que algunas almas eran purificadas luego de lavar sus pecados.

Moraban también en el Hades las tres furias: Tisífone, Alecto y Meguera. Su aspecto era horrible, ya que tenían cuerpo de perro, alas de murciélago y serpientes por cabellos. Ellas estaban encargadas de castigar de manera particular a quienes no cumplían los juramentos hechos a los dioses, a los traidores o a quienes conspiraban contra sus padres.

La reina del Hades era Perséfone, la bella hija de Deméter, diosa de las mieses, el trigo y todas las plantas vivientes. El dios helénico infernal la raptó un día mientras paseaba por los campos y, aunque en un principio se obstinó por retenerla a su lado y en no dejarla regresar a la Tierra, hubo de ceder y permitirle que visitara a su madre durante la primavera y el verano. De no haber llegado a este acuerdo, la vida habría desaparecido del planeta en vista de que Deméter amenazó con no efectuar sus labores de fecundar los campos si persistía en su negativa.

El Helheim

Según la mitología escandinava, en el inicio de los tiempos surgió el Yggdrasil, un fresno maravilloso de dimensiones prodigiosas, entre cuyas ramas quedaron atrapados los nueve mundos. Uno de ellos, el Asgard o reino de los dioses, a quienes también se les llamaba ases, era gobernado por Odín. Este mundo se comunicaba con el Mithgard, la Tierra o recinto medio, a través del Bifrost, el arco iris. El Dvergaheim, situado bajo el mundo de los humanos, era un lugar en cuyas cavernas vivían los enanos, expertos en el trabajo de los metales preciosos. Otro de los mundos, el Alfheim, constituía la zona interior de la atmósfera, sobre la que volaban los elfos, amigos de los ases. El Vanaheim, país habitado por deidades llamadas vanes, que tenían poderes similares a los dioses, se caracterizaba por sus plácidas aguas. También existían el Muspellsheim, o abismo del calor, y el Niftheim, o abismo de la bruma y el frío. Jotunheim era la región rodeada de bosques y montañas lóbregas y altas, habitada por los gigantes, enemigos de los ases. Finalmente estaba el Helheim o morada de los muertos.

Sobre este último mundo, se narra que estaba situada bajo una de las raíces del Yggdrasil y que, para llegar allá, era necesario viajar a caballo durante nueve días y nueve noches. El Helheim estaba rodeado por una enorme muralla, para que quien entrase no pudiera salir. A su vez, el muro estaba cercado por ríos de olas oscuras y agitadas. Una de sus corrientes de agua se llamaba Slid; nacía al este y fluía hacia el oeste, a través de valles infectados de veneno en los que había lodosos pantanos. A la entrada del último mundo estaba situada una gruta que era custodiada por Garmr, un enorme y fiero can con el pecho manchado de sangre.

Al Helheim eran trasladadas las almas de quienes morían víctimas de enfermedad, homicidio o vejez. Sus palacios eran fúnebres, enormes y con amplias entradas. Se decía que los hechiceros y quienes habían sido malvados en vida primero pasaban por el Helheim y posteriormente llegaban al Nifthgel. Este último era el abismo infernal, cuyo palacio se denominaba Angustia; la mesa se llamaba Hambre; los sirvientes, Lentitud y Retraso; el umbral, Precipicio; y la cama, Preocupación.

La reina de los infiernos nórdicos era Hel. Ella tenía medio cuerpo y el rostro sano, mientras que la otra parte se mostraba corrompida y en estado de putrefacción. Era hija de Loki, un atractivo, astuto y maligno descendiente de los gigantes que supo ganarse la confianza de Odín y de varios de los ases hasta que final-

mente los traicionó y les causó la ruina. La madre de dicha soberana de la muerte era Angbrboda, una ogresa que, habiendo sido embarazada por Loki, tuvo, además de Hel, a varios hijos muy extraños. Uno de los hermanos de la reina de los infiernos era el fiero lobo Fenrir, que poseía el don de hablar y una fuerza extraordinaria. El otro era Jormungander, una descomunal y monstruosa serpiente marina que representaba un enorme riesgo para los marineros que se adentraban en alta mar.

El caballo de Hel sólo tenía tres patas y existía la creencia popular de que, cuando Hel vagaba en pos de un enfermo o anciano, se oía ladrar a Garmr, el perro infernal. También se afirmaba que, como presagio funesto, aparecía un enorme buey que iba de granja en granja y la gente moría sin remedio al contacto de su aliento. Según la creencia noruega, en ocasiones Hel se convertía en una cabra o en un caballo de tres patas cuando se disponía a llevarse el alma de algún moribundo. En caso de que alguien lograra superar una peligrosa enfermedad, se afirmaba que le había dado a la muerte "una medida de avena". Si el agonizante tenía suerte, Hel se había transformado en una cabra o un equino que pasaba hambre; en ese momento la avena era útil para salvar la vida.

Quienes morían en batalla, pasaban a formar parte de las huestes de Odín, el rey de los ases, y eran conducidos al Walhalla por las valkirias, mujeres guerreras de gran hermosura. En el Walhalla, las almas disfruta-

rían de placeres y se ejercitarían para la guerra, pues existía la predicción de que un día llegaría el Ragnarök, "la ruina de los poderes divinos" u "ocaso de los dioses". En esa fecha funesta lucharían todos los moradores de los nueve mundos para provocar un exterminio masivo, del que, sin embargo, surgiría un nuevo orden universal con deidades que gobernarían los nuevos mundos.

El infierno celta

Los celtas se distinguieron por ser un grupo de la antigüedad que, bajo distintas vertientes, ocupó gran parte del actual territorio europeo, siglos antes de que surgiera el imperio romano. Sus reinos, en su etapa de mayor expansión (entre los siglos V y III antes de Cristo), se extendían desde Irlanda y algunas partes de la península ibérica hasta Turquía. Sin embargo, los celtas no formaron un grupo unificado ni mucho menos un imperio sólido. Sus grandes familias y jefaturas predominaron en el viejo continente hasta que fueron conquistados por Roma, tras lo cual una parte importante de ellos se replegó hacia Irlanda, Escocia, Cornualles y Bretaña.

A diferencia de otras culturas, los celtas no dejaron fuentes escritas de primera mano, pues sus normas, costumbres y creencias religiosas se transmitían de forma oral. Lo que actualmente conocemos se basa en documentos elaborados por griegos y romanos, así como lo que se afirma en textos galeses e irlandeses escritos muchos años después de la conquista romana.

Entre los celtas había cuatro festividades religiosas que destacaban año con año. La víspera del primero de febrero, denominada Imbolc, se consagraba a Brigit, diosa de la fertilidad que señalaba el momento de amamantar a los corderos. La celebración de Beltaine tenía lugar la víspera del primero de mayo; en ella, el pueblo encendía grandes hogueras para purificar a cada persona y adorar a Bel, deidad de la vida y la muerte. La festividad en honor del dios solar Lugo, con la cual se conmemoraba a su madre adoptiva Tailtu, se efectuaba en agosto. Finalmente, se festejaba el Samhain el 31 de octubre, fecha relacionada con el fin del año pastoral y el inicio del siguiente, en la que los espíritus de los muertos se aparecían a los humanos. Posteriormente, esa celebración se transformó en fiesta de la cosecha y es el precedente del Halloween.

En virtud de que los celtas creían que el alma residía en la cabeza, solían decapitar a sus enemigos a modo de acto triunfal y conservaban sus testas como trofeos, o los ofrecían a los dioses en sus templos. Existen varias leyendas que versan sobre cabezas parlantes que daban sabios consejos.

La muerte fue objeto de especial preocupación para los grupos célticos, a causa de la vida difícil y arriesgada que llevaban. Creían en la inmortalidad del alma y pensaban que existía una vida ultraterrena análoga a la de este mundo. Cuando alguna persona fallecía, sus familiares colocaban junto al cadáver las cosas que era probable que necesitara en el reino de ultratumba, tales como alimentos y vino depositados en vasijas, además de armas y ropa para protegerse del frío.

Consideraban que el país de los muertos estaba situado en el occidente, más allá del horizonte por el cual se ponía el Sol. Al parecer, el infierno o *ifurin* estaba colocado en el interior de la Tierra y era un lugar terriblemente frío e infestado de sabandijas venenosas, serpientes y seres monstruosos. En el *infurin*, los malvados eran encadenados en una gruta pantanosa llena de culebras y de cuyo techo goteaba veneno que les producía quemaduras terribles en el cuerpo por toda la eternidad. En lo que alude a los inútiles y holgazanes, eran encerrados en un recinto cubierto de espesa humareda que les provocaba una tos constante, ardor de ojos y sensación de asfixia.

El infierno chino

La versión china más conocida del mundo de los muertos afirma la existencia de dieciocho infiernos sometidos a la jurisdicción de diez tribunales, los cuales son presididos por los denominados Che-tien–yen-wang. Estos reyes-jueces se encargan de que los difuntos pecadores reciban el castigo que merecen en cada caso.

El principal de tales reyes era Yama, quien encabezaba el primer tribunal y dependía directamente del dios supremo del panteón chino, Augusto de Jade. Yama estaba encargado de recibir a las almas y examinar los actos realizados por los hombres y las mujeres durante la vida. En caso de que el balance fuera negativo, el rey turnaba al pecador a los demás monarcas-jueces para que lo sancionaran.

En virtud de lo anterior, en el segundo infierno se castigaba a las alcahuetas, médicos ignorantes y cortesanos viles; en el tercero, a los malos mandarines, los falsarios y calumniadores; en el cuarto, a los avaros, los comerciantes sin honor ni escrúpulos y los blasfemos; en el quinto, a los

asesinos, los incrédulos y los lujuriosos; en el sexto, a los sacrílegos; en el séptimo, a los saqueadores de sepulturas y a quienes hubiesen vendido o consumido carne humana; en el octavo, a los que hubiesen faltado a sus deberes filiales; en el noveno, a los incendiarios. El décimo, más que un infierno, era el sitio en el que su gobernante manejaba la rueda de la transmigración, mediante este artefacto se asignaba a cada alma el cuerpo que debía habitar en el futuro.

Los castigos previstos para los pecadores eran muy severos. Por ejemplo, a los blasfemos se les arrancaba la lengua; los avaros y los mandarines prevaricadores eran obligados a tragar oro y plata fundidos. Otros eran sumergidos por los verdugos infernales en aceite hirviente, aserrados por la mitad, clavados en filosas espadas o atados a una viga de hierro al rojo vivo.

Fieros demonios con el torso descubierto, en cuyas cabezas mostraban cuernos y miradas de fuego, castigaban a los condenados. Estos seres servían a sus reyes infernales, quienes portaban finas y elegantes vestiduras, joyas, tiaras y otros aditamentos propios de su condición divina.

Cuando un ser humano perdía la vida, de inmediato el rey Yama enviaba a sus sirvientes: Cabeza de Buey y Cara de Caballo, para que recogieran el alma y la condujeran hasta sus dominios. En el camino, el Dios de las Murallas y los Fosos interrogaba al alma en turno por espacio de 49 días. Según el resultado de sus indagaciones, este dios podía dejar al ama en libertad para

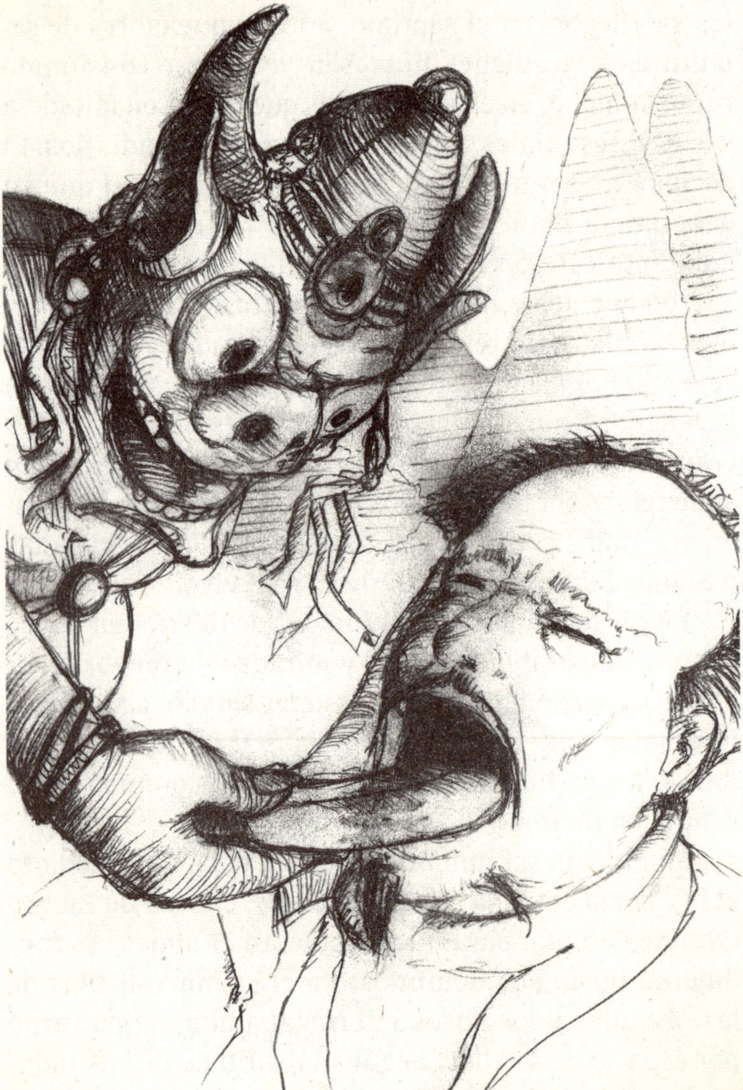

que continuara su camino o imponerle un castigo previo, consistente en azotes o en llevar un collar de hierro.

En caso de que se hubiera cometido un error y fuese conducida un alma que aún no debía partir, el rey Yama la restauraba de inmediato a su cuerpo. A esto se debe la costumbre de varios pueblos chinos de mantener en sus casas a sus muertos, desde una semana hasta 49 días antes de inhumarlos, por si acaso se presentaba alguna equivocación divina.

Quienes en el juicio del rey Yama obtenían una resolución favorable en el balance de sus vidas, tenían la fortuna de ser conducidos a la Tierra de la Extrema Felicidad del Occidente, en el seno de Buda; o al Monte K'uen–luen. Aquellos que recibían una sentencia contraria eran llevados a Fong–tu, la capital del infierno, a la que sólo podían entrar tras franquear la puerta de los demonios. En dicho lugar había campos y zonas habitadas en las que se encontraban los lúgubres y oscuros palacios de los dioses–jueces, así como las casas de los verdugos y de las almas en espera de renacer.

La ciudad estaba rodeada por el río Como (Nai–ho), cuyas tres orillas estaban conectadas por sendos puentes: uno de oro, reservado para los dioses; otro de plata, destinado a los hombres virtuosos que irían al paraíso; y uno más de piedra, para los pecadores y malvados.

Como parte del juicio a que eran sometidas, las almas eran conducidas ante el llamado Espejo de los Malos, colocado en la sala de justicia del rey Yama, para que miraran el rostro que habían tenido en vida y los pecados o crímenes cometidos. Puesto que consideraban que las almas no sólo eran responsables de la vida más reciente, sino de las anteriores, si no recibían el castigo apropiado, la sentencia podía acumularse.

Ante el noveno rey Yama eran trasladadas las almas de quienes habían fallecido a causa de un accidente o por suicidio. Éstas eran condenadas a vagar eternamente, a menos que encontraran a otra alma cuyo portador hubiera muerto por las mismas causas. Luego de tres años de permanencia en el infierno, les era permitido regresar al mundo para que intentaran que algún hombre o mujer pereciera de la misma forma que ellos, en los mismos lugares donde habían perdido la vida. Debido a ello, los chinos se cuidaban de frecuentar lugares donde hubieran ocurrido accidentes mortales o suicidios.

El infierno de los árabes

Los árabes primitivos creían que, al momento de morir, el alma abandonaba al cuerpo en forma de un ave pequeña o hama, la cual solía revolotear desconsolada sobre el cadáver. Posteriormente, dicho pájaro se transformaba en un búho o en un águila. Asimismo, consideraban que Dios, al crear la Tierra, la formó de siete capas, cada una de las cuales circundaba a la otra. Se decía que la distancia entre cada una de ellas era equiparable a una caminata de quinientos años. En la primera, habitaban los humanos; la segunda era la morada de los vientos; la tercera estaba poblada por un tipo de seres con rostros y manos humanas, patas de vaca, orejas de cabra y cuerpo lanudo; la cuarta, construida de roca sulfúrica, correspondía a la morada del infierno; en la quinta había escorpiones gigantes y enormes serpientes monstruosas; la sexta estaba reservada a los condenados; y en la séptima reinaba Iblis, el demonio árabe, con sus soldados: los gigantes y los *yinn* maléficos. En este lugar soplaban vientos abrasadores y helados para torturar a los malvados.

Iblis (o Saitan) fue un rebelde de Dios, tentador de los hombres y monarca de los espíritus malignos. Según se expresa en el Corán, Alá ordenó a todos los hombres que se postraran ante Adán, pero Iblis se opuso. Argumentó que no lo haría porque había sido creado con fuego que, al ser generado, siempre se eleva y apunta hacia los cielos, y no con barro, ya que éste es sinónimo de suciedad, deshonestidad y vergüenza.

Debido a su oposición y desobediencia, Alá lo desterró, pero antes, Iblis lo convenció de que le permitiera tentar a los humanos y, en caso de que ganase sus almas, se las llevaría a su nuevo reino, donde los castigaría con torturas terribles según los pecados que hubiesen cometido.

El infierno de los incas

Los incas creían que las almas de los muertos viajaban a un sitio llamado Upamarca, la tierra muda, pero antes debían pasar un río caudaloso y un puente hecho a base de cabellos, que era muy estrecho. Unos perros de color negro, propios de aquellas latitudes, los ayudaban en su aventura. Debido a ello, solían criar a dichos canes, para que acompañaran a los difuntos en su viaje al otro mundo.

Los pueblos incas de la costa pensaban que las almas viajaban a la isla de Guano a lomos de los lobos marinos o *tumi*.

Por lo general, el llamado pueblo del Sol consideraba que quien había sido bueno en vida, regresaría al sitio agradable y apacible de donde provenía, un lugar en el que no le faltaría comida ni bebida. En cambio, quienes se habían distinguido por su maldad, eran conducidos al infierno, donde había fuego y recibían castigo por los pecados cometidos. Los zupay eran los demonios encargados de actuar como verdugos. Además, en dicho lugar de espanto padecían de hambre, sed y frío.

El infierno de los indígenas de Nicaragua

Los antiguos pobladores de Nicaragua creían que una pareja de dioses, Tamagastad (varón) y Cipattonal (mujer), habían creado el cielo, la Tierra y las estrellas. Ambos tenían apariencia similar a los humanos. Al inicio, moraban en un lugar remoto situado por donde sale el sol al amanecer.

Según sus antepasados, la pareja divina habitó entre los pobladores nicaragüenses y les enseñó a sembrar, a cazar y el arte de la guerra. Después se marcharon al cielo para residir en él. Pidieron entonces a los humanos que los alimentaran de la sangre derramada en las guerras, los corazones de los sacrificados y los sahumerios.

Consideraban que cuando alguien moría, por enfermedad o accidente, se trasladaba al reino de ultratumba llamado Miqtanteot. En cambio, aquellos que perecían en batalla y quienes habían demostrado una buena conducta eran llevados junto a Tamagastad y Cipattonal.

Según las tradiciones funerarias, cuando alguien moría salía por su boca un ser llamado Yulio, o corazón, que sería equiparable al alma, pues se le consideraba inmortal. Cuando un hombre o mujer había sido malvado en esta vida, el Yulio también fallecía con el cuerpo y no podría trascender.

También creían que, cuando una persona padecía una enfermedad y veía cerca su fin, sufría alucinaciones de monstruos, culebras, lagartos y fantasmas que presagiaban su deceso. Si los niños morían antes de comer maíz o de dejar de mamar, era seguro que resucitarían para que sus padres los acabaran de criar. En cambio, los viejos se irían al sitio de los buenos, los enfermos o los accidentados para nunca más volver.

El infierno egipcio

Uno de los primeros pueblos de la humanidad que concibió la inmortalidad del alma fue el egipcio. Al morir un individuo, los egipcios trataban de asegurar la conservación de su alma en la otra vida. En virtud de ello, cada persona tenía una suerte de doble que debía continuar con vida en la tumba y sólo podía subsistir si el cuerpo permanecía incorrupto, por lo cual se utilizaba la momificación. Además, era preciso colocar cerca del cuerpo sus objetos de uso más común.

Este pueblo milenario creía que el alma debía viajar por sitios peligrosos y vencer una serie de obstáculos antes de llegar ante Osiris, el dios supremo. Esta deidad presidía el juicio de ultratumba acompañado por Horus y los hijos de éste: Anubis, Thot y Maat; además de los 42 asesores del rey del panteón egipcio y un ser monstruoso con cabeza de cocodrilo y cuerpo de hipopótamo llamado el Devorador.

Cuando el difunto llegaba a la sala del tribunal, lo recibía la diosa Maat, quien representaba la Verdad y la Justicia. De manera solemne, iniciaba el juicio en el que se permitía al compareciente sostener su propia defensa, disculparse por los pecados cometidos y hacer aclaraciones por lo que se le imputaba.

En la parte final del proceso, y para comprobar si el enjuiciado no había expresado argumentos falsos, se procedía a colocar su corazón en uno de los platillos de una balanza y se ponía en el otro una estatuilla o una pluma que simbolizaba la Verdad.

El dios Anubis vigilaba que este proceso se realizara adecuadamente, Thot registraba el resultado y, en caso de que el corazón fuese más liviano, el Devorador procedía a comérselo. Por otra parte, si el corazón pesaba más que la Verdad, el alma era condenada al infierno y ya no podría alcanzar el cielo de Osiris.

Sólo en caso de que la balanza quedara equilibrada, el difunto era transformado en un émulo de Osiris y resucitaba a una nueva vida.

El infierno egipcio se denominaba Duat y se consideraba una región oscura y tenebrosa en donde había hogueras y monstruos terribles. Este lugar estaba rodeado por un río y una cadena de montañas muy altas. Las almas que vagaban por allí padecían el acecho de seres demoniacos, por lo cual tenían que valerse de astucia y de oraciones aprendidas durante su estancia en el mundo para afrontarlos. Además, en un extremo de esta región había fosos de fuego y deidades malévolas que sometían a castigos y suplicios a las almas de los pecadores, pero siempre existía la posibilidad de que Osiris interviniera para salvar a las almas cuando hubiesen purgado su condena.

El infierno japonés

Según la mitología japonesa, en el mundo subterráneo se encontraba la morada de los muertos, conocida como país de las tinieblas, país de las raíces o país profundo. Sin embargo, sus primeras creencias, fruto del shintoismo, se refirieron de manera escasa al sitio de ultratumba y hubo que esperar la influencia del budismo para ver la introducción de mayores elementos basados en el premio a la buena conducta y el castigo a quienes actuasen con maldad.

Al infierno podía ingresarse por dos accesos: uno de ellos era un camino sinuoso de gran longitud, con barrancos muy peligrosos, que iniciaba en la provincia de Izumo y terminaba en el interior de la Tierra. El otro, estaba situado junto al mar y constituía un abismo sin fondo. Allí se lavarían todos los pecados de la humanidad en el día de la purificación.

En las regiones infernales se erigían palacios sombríos y cabañas que eran habitadas por fieros demonios femeninos y masculinos.

Entre los mitos que se refieren al infierno de Japón destaca el de Izanagi e Izanami, conside-

rados parte de los dioses primigenios. Según los textos sagrados, en un origen hubo siete deidades que eran invisibles y de ellas surgieron cinco parejas de dioses. Entre ellas se encontraban Izanagi, el principio masculino, e Izanami, el principio femenino. El primer hijo de ambos fue Hiruko, pero nació tan débil y enfermizo que sus padres decidieron meterlo en un cesto y arrojarlo al mar. Posteriormente engendraron una isla que les pareció muy pequeña y entonces crearon ocho islas más. También engendraron a los dioses Viento, de los Árboles y de las Montañas. Finalmente, Izanami dio a luz al dios del Fuego, pero éste le causó tales quemaduras y heridas que murió.

Desesperado, Izanagi lloró de manera tan abundante que de sus lágrimas surgió la Diosa del Arroyo Doliente. Tal fue su dolor y desconsuelo que decidió ir a buscar a su mujer al infierno. Después de trasladarse a Izumo y avanzar con grandes dificultades por el escarpado y sinuoso camino ubicado junto a un profundo desfiladero, llegó a su destino. Sin embargo, los demoniacos cuidadores del lúgubre sitio le informaron que su esposa ya no podría salir debido a que había probado los alimentos del país profundo. A pesar de ello, el dios no se conformó e insistió tanto que el señor del infierno accedió por fin a que Izanami regresara, con la condición de que su esposo la esperara el tiempo que fuera necesario y no intentara verla antes en aquellas regiones.

Izanagi dio su palabra y esperó durante días, meses y años, hasta que su curiosidad lo traicionó. Con ayuda de una pequeña candela, se asomó al interior de la habitación en donde los demonios infernales tenían encerrada a su mujer. Horrorizado, se percató de que sobre un lecho se encontraba el cuerpo de su mujer, descompuesto, descarnado, cubierto de gusanos, en estado de putrefacción y custodiado por los ocho truenos.

Al ver aquella impresionante imagen, apenas pudo contener una exclamación. Entonces, el cadáver de Izanami se incorporó y, con voz cavernosa, le reclamó por haberla visto en tal estado. De inmediato, los demonios se lanzaron en persecución del dios. Éste hubo de escapar para no ser alcanzado. Después, colocó una roca enorme para cerrar la entrada al camino del infierno y decidió purificarse en las aguas del río Voto, debido al contacto que había tenido con los muertos. Se despojó de sus doce vestiduras antes de introducirse a las límpidas aguas y por cada una de dichas prendas surgió una divinidad. Asimismo, mientras se lavaba el ojo izquierdo, creó a la diosa de la Luna; al hacer lo propio con el ojo derecho, dio vida a Amaterasu, la deidad solar.

El infierno maya

Según los mayas, los dioses del inframundo, o Xibalbá, eran tantos como los dioses celestes y, aunque vivían en las profundidades de la Tierra, solían merodear por campos y ciudades.

Se decía que los dioses de la guerra y el sacrificio moraban en el primer vado. Más abajo se encontraba Cit Bolon Ua, es decir, el que dice mentiras, llamado así porque a base de falacias sabía atraer a los humanos hacia el interior. Éste dejaba de engañar cuando aparecía Ah Cup Cacap, el que sofoca y quita el resuello, para capturar al incauto.

En otro nivel se encontraba Uuc Stay, que se dividía en siete fuerzas de muerte y se caracterizaba por su gran velocidad. En sitios más oscuros y tenebrosos moraba Chac Bolay Can, la serpiente roja carnicera, además del ave Moan y la lechuza. Esas tres figuras monstruosas eran símbolos de la muerte.

Existían varios lugares de prueba y tormento en el inframundo. El primero de ellos era la casa de la oscuridad, pues en ese lugar sólo

había tinieblas. El segundo se denominaba casa del frío, y hacía honor a su nombre pues allí soplaba un fuerte viento que producía un sonido similar a un aullido. El tercero era conocido como casa de los tigres. Es posible que el nombre sea inapropiado pues ya sabemos que no hay tigres por estas latitudes y tal vez los escribanos españoles utilizaron el genérico "tigres" para describir ocelotes o jaguares, desconocidos para ellos. Sin embargo, el nombre de ese sitio, así como el de los valientes caballeros tigre, ha permanecido inmutable en los registros de la historia. El cuarto lugar de prueba recibía el nombre de casa de los murciélagos, ahí, los quirópteros volaban de un lugar a otro en busca de víctimas. En el quinto, la casa de los pedernales, moraban los fantasmas de los guerreros vencedores, dedicados a pelear entre sí para caer y renacer.

Los mayas pensaban que la vida después de la muerte podía ser buena o mala, según el proceder de cada persona. De tal suerte, los buenos iban a un lugar bello y apacible donde abundaban las suculentas comidas y el *balché* o vino sagrado, y donde además podían disfrutar de la sombra de Yaxché, la ceiba sagrada. Mientras tanto, los malvados se trasladaban al infierno para ser atormentados por demonios y padecer hambre, cansancio y frío.

Según las costumbres funerarias de los mayas, a los grandes señores, gobernantes y sacerdotes se les enterraba con cinco sirvientes que los custodiaban y apoyaban durante su camino al mundo de los muertos.

Para los servidores, ser enterrados con sus amos representaba un honor, porque esto les aseguraba la protección de los nueve señores de la noche. Además, su fidelidad y servicios serían premiados por los dioses.

Solía incinerarse de manera parcial o total a los hombres de alta alcurnia, y sus cenizas se colocaban en urnas que se depositaban en los templos. También era costumbre tallar estatuas de madera con una cavidad en el colodrillo, destinada para las cenizas. Después se tapaba el orificio con el cuero cabelludo del difunto y, en su caso, se enterraban los despojos que no habían sido consumidos por el fuego.

Asimismo, se acostumbraba enterrar a los cadáveres humanos con un perro —en especial si habían tenido uno en vida—, porque se creía que dicho animal les sería de utilidad para cruzar en su lomo el primer vado del inframundo, en el cual había aguas turbulentas y oscuras.

Entre la gente del pueblo también era costumbre enterrar a los difuntos dentro de la casa.

El Mictlán

Durante la creación, Huitzilopochtli le dijo a Quetzalcóatl que era necesario, además del reino de los dioses y el de los hombres, formar el reino de las sombras y de la muerte, para que los humanos valoraran la vida, amaran la luz y adoraran a los dioses.

Aunque Quetzalcóatl se opuso en un principio, los razonamientos de su hermano lo convencieron. Ambos dieron instrucciones a Camaxtle para que fuera en busca de Ometecuhtli y de su compañera divina, Omecíhuatl. Estos últimos debían crear en el *tlacapillacihualoyan*, o taller de los dioses, a quienes gobernarían el país de la muerte.

La pareja trabajó afanosa y, con sus mágicos poderes, formó a Mictlantecuhtli, de rudo aspecto, y a Mictecacíhuatl, la reina de las sombras, de fúnebre hermosura.

Los nuevos dioses fueron engalanados con trajes color negro. A Mictlantecuhtli le fue colocado un elegante casco rematado con plumas. A Mictecacíhuatl, su mujer, se le obsequiaron pendientes, collares, pulseras y brazaletes de gran valor, que estaban incrustados de obsidiana y otras piedras oscuras vinculadas con el rito de la muerte. Además, para darles un aspecto de mayor fiereza, Tezcatlipoca los atavió con máscaras en forma de cráneos y ornamentos formados con huesos.

Ambos fueron conducidos al Mictlán, gélido reino alumbrado en forma lúgubre, en donde imperarían el silencio y el olvido. También conocido como Tlalxicco, que quiere decir el ombligo de la tierra; o Chicunamictlán que significa los nueve recintos infernales, este lugar se ubica en un lejano lugar del Norte.

El Mictlán era custodiado por un ejército de demoniacos espíritus femeninos llamados Tzitzimimes: "flechas o dardos que hieren y penetran", las cuales impedían la huída de las almas de los difuntos. Las vigías eran representadas como mujeres descarnadas, con garras en pies y manos, de colores blanco, azul, amarillo y rojo.

El mundo de ultratumba de El Kalévala

Se denomina *Kalévala* al poema épico escrito por el erudito Lönnrot, quien compiló las principales leyendas de Finlandia y las narró en 22 mil 800 versos. El nombre de dicha obra significa "la patria de los héroes" y, entre las interesantes historias que narra, también se ocupa del mundo de ultratumba.

Descrito como un lugar sombrío, el mundo de los muertos, sin embargo, tiene el brillo de un sol pálido y un bosque oscuro y siniestro que crece en él. Se le denomina Tuonela o Manala y está rodeado por un caudaloso río de negras y embravecidas olas. Para llegar a él es preciso caminar sin descanso durante una semana por bosques pequeños donde hay fantasmas y espíritus. Otra semana le toma al alma del difunto atravesar bosques mayores hasta cruzar un lugar tupido de árboles de aspecto siniestro, para luego encontrarse con el río ya señalado.

En Tuonela reinan Tuoni y su esposa Tuonetar. Ellos tienen varias hijas que son divinidades del sufrimiento. Destacan entre ellas Kippu-

Tytto, deidad de las enfermedades, y Loviatar, causante de las plagas, de aspecto horrible, rostro negro y piel descarnada. Dicha criatura espantosa se unió con el Viento y tuvieron varios hijos monstruosos: Pleuresía, Cólico, Gota, Tisis, Úlcera, Sarna, Cáncer y Peste.

La muerte era personificada por Kalma, quien reinaba sobre las tumbas, y cuyo nombre significa: olor de cadáver. En el umbral de su morada, Surna hacía guardia, listo para aprisionar con sus afilados colmillos y devorar a cualquier mortal incauto que rondara por el lugar.

Acerca de los castigos que podrían sufrir los malvados que al morir arribasen a Tuonela poco se sabe. Quizá esto se deba a que la vida en Finlandia era ya de por sí difícil debido a su clima frío, a las dificultades para sobrevivir y al espíritu belicoso de sus moradores originales.

Cabe señalar que, según los finlandeses primitivos, además de los humanos, los animales, las plantas, la tierra y el agua también poseían un alma. Es por eso que, por ejemplo, si mataban un oso, después de comer su carne, los cazadores guardaban sus huesos en una tumba, junto con esquís, un cuchillo y otros objetos. También se elevaba una oración en su honor, para expresarle su agradecimiento por haberlos alimentado; así, el cazado contaba a los demás animales de su especie acerca de las honras de que había sido objeto.

El reino de Samael

En las tradiciones del pueblo judío se da un lugar especial a los ángeles, que se consideran seres sobrenaturales que viven en el cielo para servir a Dios y actuar como sus mensajeros. Bajo el mismo esquema de una corte monárquica, los ángeles forman parte del consejo divino que rodea el trono de Dios.

Poco antes de que las mujeres y los hombres fueran creados, la corte celestial de ángeles se caracterizaba por su bondad. De ellos, los denominados ministros tenían una vida corta, pero otros, como los siete arcángeles, tenían reservada una vida muy prolongada y encomiendas importantes en las tareas divinas. De tal suerte, Miguel, Rafael, Gabriel y Uriel debían estar cerca del trono de Dios, mientras Metatrón, Sandalfón y Akatriel debían permanecer ocultos, aunque también desarrollaban labores fundamentales.

Miguel —que significa en hebreo "¿quién como Dios?"— era el sumo sacerdote de los ángeles y por ello se ubicaba a la diestra del supremo, mientras Gabriel —fuerza de Dios— se colocaba a la izquierda y le correspondía encargarse de los asuntos de la justicia divina. Uriel —chispa de Dios— estaba situado frente al trono, a los pies del creador, y Rafael —Dios cura— tenía su lugar detrás de la silla divina.

Por otra parte, Metatrón, de aspecto deslumbrante, se ocupaba de mantener el orden del mundo y de cuidar el acceso al palacio de las siete moradas en donde habita Dios. Este ángel poseía 36 alas a cada lado de su cuerpo y cientos de ojos que emitían una luz similar a la del Sol.

En un principio hubo un ángel llamado Samael quien, por su belleza y atributos, casi competía con los arcángeles. Reconocía a Dios como su soberano y lo adoraba, hasta que en su interior surgió el veneno de la soberbia y creyó que podría superarlo y someterlo, para reinar en su lugar. A fin de lograr su propósito, convenció a otros ángeles para que lo apoyaran y declaró la guerra al Todopoderoso, quien ordenó a Miguel que lo combatiera con sus huestes celestiales.

A pesar de la fuerte oposición que dieron, Samael y sus ejércitos resultaron derrotados. Como castigo, Dios cambió su aspecto celestial y el de sus seguidores para convertirlos en espíritus de catadura horrorosa y temible, además los envió a morar en el reino oscuro del infierno.

Antes de partir a su nueva morada, Samael le dijo al Todopoderoso que los humanos eran malvados por naturaleza y que, si le permitía tentarlos, al final el infierno estaría más poblado que el cielo. Dios aceptó

el reto, pero les concedió a los hombres y las mujeres el libre albedrío, para que pudieran optar entre conducirse por el camino del bien o por el del mal.

Como aún sobrevivimos en el mundo, la apuesta todavía sigue vigente. De cada uno de nosotros depende de para dónde se incline la balanza cuando llegue el momento final.

El reino lituano de ultratumba

Actualmente, Lituania es una república báltica que hasta 1991 formó parte de la Unión Soviética. Sin embargo, el actual territorio lituano apenas resulta comparable con la extensión que tuvo hace varios siglos, pues llegaba por el noroeste hasta Prusia; por el norte, hasta Curlandia; y por el este y sur, hasta las tierras pobladas por los rusos y los polacos.

Las creencias paganas duraron más tiempo que en los pueblos eslavos, pues corrían los siglos XIII y XIV cuando el cristianismo se impuso ante los cultos primitivos.

Los lituanos profesaban una adoración especial por las fuerzas de la Naturaleza. Veneraron a sus dioses a través del Sol, la Luna, las estrellas, el trueno, las aves, los animales de la región y los árboles. A estos últimos los reverenciaron de manera muy especial, pues la vida y el destino de los humanos estaba vinculada con ellos. Al morir un individuo, se observaba si el árbol que había plantado y cuidado continuaba sano. De ser así, se consideraba que su alma había transmigrado a su tronco.

Como podrá imaginarse, el cuidado de los árboles era extremo y estaba penado talarlos, podarlos o privarlos de sus copas. Asimismo, se pensaba que el muérdago, parásito de las encinas, tenía propiedades especiales para prevenir heridas y servía como amuleto para afinar la puntería de quienes dispararan flechas.

Se creía que cuando un lituano fallecía, antes de llegar al sitio de ultratumba debía presentarse ante el gran sacerdote del fuego para que lo juzgara. Después podía continuar su camino hacia la morada de los muertos, que era concebida como una gran construcción lóbrega y cerrada, cuyas nueve puertas sólo podían ser franqueadas con la ayuda de los parientes que hubiesen fallecido con anterioridad.

En este lugar, los malvados sufrían castigos terribles; en cambio, a quienes hubiesen mantenido una conducta recta en vida se les permitiría visitar a sus familiares aún vivos, manifestarse ante ellos de algún modo especial e inclusive brindarles ayuda en caso necesario.

Solía utilizarse la incineración cuando alguien moría, debido a una antigua leyenda. Se dice que un joven decidió sepultar a su difunto padre pero éste le reveló en sueños que no se encontraba en paz debido a que lo devoraban los gusanos; entonces, su descendiente lo exhumó y colocó el cadáver dentro del tronco hueco de un árbol. Transcurridas un par de noches, el padre del muchacho se le apareció de nuevo mientras dormía y le pidió que lo sacara de ese lugar, debido a que lo molestaban las abejas y los mosquitos. Para solucionar lo anterior, el hijo decidió quemar los despojos de su progenitor en una pira. Sólo entonces el alma del difunto pudo descansar.

La dualidad de los persas

Según los persas, la deidad suprema de la luz era Ormuz, quien había realizado la creación en siete periodos, que en total abarcaron 365 días. El enemigo de éste era Ahrimán, el demonio de las tinieblas y principio del mal. Cada uno de ellos era asistido por un séquito de divinidades.

Formaban parte de las huestes de Ormuz los *amchaspands*, entre los que destacaban: Bahman, el buen pensamiento, señor de los animales útiles; Ardibibicht, la mejor virtud, encargado de dirigir el fuego; Chahriver, el anhelado imperio, que tenía a su cargo los metales; Sipendarmich, la entrega generosa, quien domina la Tierra; Khordad, la salud, dominador de las aguas; y Murdad, la inmortalidad, deidad de las plantas.

Ahrimán tenía por divinidades maléficas a Angro Manaus, espíritu de la angustia, capitán de los ejércitos diabólicos; Akomano, el mal pensamiento; Indra, encargado de precipitar a las almas al infierno y de castigarlas; Sori, inspirador de la tiranía, el robo y el bandidaje; Naosihaitya, encargado de difundir la terquedad, el orgullo, la ingratitud y la falta de entereza ante las adversidades; Aechma, dios de la ira; y Nasu, deidad femenina que producía la podredumbre de los cadáveres. Dichos dioses del mal eran secundados por las Peri, ninfas malignas que ejercían sus poderes mágicos para provocar destrucción en la Naturaleza y el reino animal.

Las almas de los malvados debían cruzar el estrecho puente de Cinvat, donde algún demonio podía provocar que cayeran al vacío, hasta los lúgubres y oscuros dominios de Ahrimán, donde recibían su justo castigo de manos de Indra. Los espíritus benignos eran conducidos ante Ormuz para convertirse en parte de sus huestes divinas, encargadas de apoyarlo en su lucha contra su enemigo de las tinieblas.

La morada infernal asirio-babilónica

Los asirios y los babilonios creían que debajo de la tierra, pasado el abismo de Apsu, se encontraba la morada infernal, a donde descendían los difuntos. Dicho sitio era conocido como el país sin regreso, o como la casa de la que no es posible salir cuando se ha entrado en ella.

Este lugar siniestro estaba rodeado por siete murallas en forma de círculo y, cuando las almas viajaban hacia él, se veían en la necesidad de traspasar otro tanto número de puertas de manera paulatina y de irse despojando de la ropa y el calzado que llevaban puestos, para quedar desnudas y cautivas para siempre en la morada tenebrosa.

Como toda regla tiene su excepción, cuando la bella diosa guerrera Istar visitó este sitio infernal, quedó prisionera allí durante un tiempo. Sin embargo, se valió de sus artes mágicas y de la ayuda del dios Ea para poder salir. De igual manera, Enkidu, el amigo del héroe Gilgamesh, fue autorizado a salir del reino de las sombras para contarle a éste los misterios de la muerte.

En este infierno peculiar, los *edimmu,* es decir, las almas, se alimentaban de polvo y de barro y dormían en el suelo. Sólo quienes habían destacado en vida por sus acciones tenían derecho a una cama y a beber agua pura.

Además de las almas de los difuntos, residían en el país de las sombras los dioses cautivos, como Gingu y sus seguidores. Al inicio de los tiempos, ellos apoyaron a Tiamat, divinidad del mal, que fue vencida por Marduk, el dios del bien.

Al principio, la diosa Ereshkigal, princesa de la gran tierra, reinaba en este lúgubre y subterráneo sitio, pero un día, Nergal, o el señor de la gran morada, invadió los dominios, acompañado de catorce demonios. Aunque la soberana opuso resistencia apoyada por sus vasallos, tuvo que rendirse y accedió a casarse con él para lograr la paz. A partir de entonces, Nergal, que había sido dios de la destrucción, recibió las tablillas de la sabiduría y cambió su actitud violenta para convertirse en el soberano distinguido y sabio de los infiernos asirio-babilónicos.

Los infiernos de Oceanía

En varios pueblos de Oceanía encontramos la figura de los manes, que representan algo similar a las almas humanas o a los dobles que actúan en la otra vida. Existe una coincidencia casi general según la cual el alma, que se desprende del cuerpo durante el sueño, lo abandona para siempre al morir, salvo en casos excepcionales en que puede presentarse la resurrección.

Para llegar al país de ultratumba, los manes se veían obligados a efectuar un largo y peligroso viaje, cuya primera etapa correspondía a la tierra. El resto del trayecto tocaba al mundo de los muertos. Durante el recorrido, demonios y seres monstruosos trataban de atraparlos o de comérselos, por lo que los manes debían viajar con cautela y valerse de su astucia para salir airosos. Al final de su camino se encontraban con dos rocas, ramas, raíces o árboles, de cuya elección dependía el regresar con los vivos o quedarse entre los difuntos.

Por lo general se situaba al mundo de ultratumba al oeste, ya fuese en la superficie terrestre, bajo ésta o en el seno del mar. En cambio, las tribus de Nueva Caledonia ubicaban el infierno en el nordeste y creían que en ese sitio terminaba el Universo.

En algunos lugares se pensaba que la Señora de las Tinieblas, también llamada Hine-nui-te-po, reinaba en los infiernos, donde moraban las almas crueles y de peor comportamiento.

La condición y el destino de los manes reflejaban lo que habían sido en vida, no sólo en acciones (buenas o malas), sino en su poder y riquezas, además de los ritos y sacrificios que hubieran practicado. En los infiernos de Oceanía había tormentos y privaciones para las almas de los malvados.

Las almas por lo regular no eran visibles para los humanos, aunque algunos hechiceros tenían la capacidad de percibirlas en forma de fantasmas, chispas o animales.

Si, por alguna razón, las almas no podían llegar a su destino, volvían al mundo, donde solían convertirse en espíritus maléficos que molestaban a los nativos.

Nachiketas y la Muerte

Según la mitología hindú, Yama era el dios de los infiernos y juez de los difuntos. Fue el primero en atreverse a recorrer el camino sin retorno y, a partir de entonces, quedó encargado de indicar a todos los humanos el trayecto final después de sus vidas.

Se creía que Agni, el espíritu del fuego, conducía a los difuntos ante Yama, a la residencia de los manes o espíritus. De acuerdo con las creencias de dichas latitudes, las almas de los malvados eran castigadas. Por su parte, aquéllas de quienes fueron buenos en vida bebían soma y, al final, podían brillar con un fulgor similar al de las estrellas que aparecen por la noche.

No obstante lo anterior, existen otras versiones sobre el mundo de ultratumba. En el *Kata Upanishad*, libro proveniente de la India, se narra que un día, Vayasravasa, hombre acaudalado, decidió sacrificar a los dioses todo su ganado con el fin de alcanzar el paraíso al morir. Al enterarse de ello, Nachiketas, su hijo, opinó que dicha acción no garantizaría a su progenitor alcanzar su objetivo, pues se requería mucho más que ganado para hacerlo.

Molesto, su padre le cuestionó cómo debía proceder entonces. Al no obtener respuesta, ordenó a Nachiketas que se trasladara al reino de la Muerte para formular a ella dicha pregunta. El hijo no debía volver a casa sin solución.

Sin más remedio que acatar la voluntad paterna, el joven tuvo que indagar aquí y allá para tratar de conocer el camino que lo llevara al sitio señalado. En esos menesteres, topó con un viejo sacerdote brahmán, quien vivía en un sitio apartado. Éste le reveló la ruta a seguir, no sin antes advertirle que debía sortear numerosas amenazas y caminar durante muchos días para llegar al palacio de la Muerte.

Decidido, emprendió el peligroso viaje, durante el cual tuvo que cuidarse de animales monstruosos y de seres malignos; también debió avanzar por la selva y caminar estrechos senderos en la montaña. Por fin, cansado y sediento, vio envuelta entre brumas la sombría morada de la Muerte, con sus altas torres construidas a base de osamentas y de cráneos. Con un esfuerzo final, llegó hasta la entrada del palacio y tocó la puerta de madera labrada.

Luego de esperar un rato, lo recibieron dos sirvientes cadavéricos vestidos de negro. Ellos le informaron que su ama se encontraba de viaje y que demoraría tres días en volver; sin embargo, lo invitaron a pasar: sólo le ofrecieron agua, ya que en ese sitio no había necesidad de comer.

Transcurrido el plazo, la Muerte regresó a su morada y de inmediato le informaron que Nachiketas la espe-

raba. Sin demora, se presentó ante él. El joven tuvo ante sí a la impresionante soberana del reino de los muertos, que era un esqueleto animado, con el cráneo coronado por una tiara de oro salpicada de piedras preciosas. Su vestido estaba formado por velos negros y portaba brazaletes y finos collares.

El humano se postró ante la Muerte. Ésta lo invitó a incorporarse, se ubicó en su oscuro trono y, al conocer los motivos de su visita, le ofreció concederle tres deseos para resarcirlo por el mismo número de días que la había esperado, sin probar alimento alguno.

Entonces, Nachiketas le pidió que su padre lo perdonara y que no se preocupara por su larga ausencia. Esto le fue concedido sin mayor problema. Como segundo deseo, le solicitó que le mostrara el fuego que, según opinaban los sacerdotes, conducía al paraíso. Al respecto obtuvo por respuesta que sólo se trataba de una frase retórica, pues dicho "fuego" residía en el corazón de cada hombre y mujer. Sus portadores podían hacer que no se extinguiera y se avivara, en la medida en que realizaran actos bondadosos, fuesen prudentes, trabajadores, solidarios, leales, amorosos y guardaran los sagrados preceptos.

La tercera solicitud de Nachiketas consistió en que le revelara lo que ocurría a los humanos después de morir. Aunque la Muerte trató de evadir esta pregunta, no tuvo más remedio que cumplir su palabra. Le explicó entonces que ante lo justo y lo agradable, la mayoría de los mortales se inclinaban por lo segundo, pues preferían amasar riquezas, caer en los deleites de la comida y de los placeres mundanos. Por ello, conseguían morir y renacer en una cadena interminable de reencarnaciones, en lugar de elevar su alma por encima de la alegría y del dolor hasta romper las ataduras del mundo material y alcanzar la divinidad.

Para explicar mejor dicho argumento, la soberana utilizó una metáfora, según la cual el cuerpo podía ser considerado como un carro, del cual el alma era la dueña. La razón podía equipararse al cochero; los sentidos, a los caballos; el espíritu, a la rienda; y los objetos de los sentidos, a las rutas que podían recorrerse. Por ello, era preciso aprender a conducir con inteligencia el carro y no permitir que se desbocaran los caballos. Además, prosiguió, hay que tener en cuenta que lo importante es llegar, tarde o temprano, con mano firme y segura, ante el reino de la Muerte para sólo pasar de largo y alcanzar la divinidad inmortal en el seno de Dios, que no tiene forma, ni color, ni tacto, ni sonido, principio o fin, pues es la fuerza que anima al Universo entero.

Dicho lo anterior, la reina de los muertos le preguntó a Nachiketas el motivo de su visita. Éste, agradecido, le respondió que, al otorgarle el tercero de los dones señalados, había conseguido la respuesta que llevaría a su padre.

Cuando el joven regresó a su hogar, su padre lo recibió con alegría y, al enterarse de su experiencia en el palacio de la Muerte, ambos llevaron a la práctica el secreto revelado. Al término de sus días en el mundo, pudieron alcanzar la inmortalidad.

Versiones africanas del país de los muertos

En varios pueblos de África se consideraba que los espíritus fuertes podían sobrevivir a la muerte e instalarse en otro cuerpo. De tal suerte, el alma de un rey podía reencarnar en un león o en una cobra. Si esto era descubierto por los sacerdotes o brujos, nadie de la aldea podía cazar esa especie de animales, pues podría tratarse de su fallecido soberano.

Los hechiceros se caracterizaban por tener espíritus muy poderosos que trascendían a la muerte y encarnaban en leopardos y pitones para atacar a los seres humanos. Asimismo, el espíritu de una madre podía retornar e instalarse en una vaca para alimentar y proteger a sus hijos; en cambio, las almas de los débiles o enfermos se esfumaban.

Por lo que alude al concepto de infierno, en algunas tribus africanas lo consideraban como un sitio apartado, rodeado de bosques tétricos, bajo la forma de una aldea deshabitada y con cabañas en ruinas. Ahí vivían los espíritus de los difuntos, los cuales revoloteaban como murcié-

lagos. A ellos les encantaba consumir carne humana, para obtenerla, se valían de una calavera que embaucaba a los incautos a quienes llevaba con engaños hasta el fúnebre sitio.

Una antigua leyenda narra que, cierto día, una pareja de recién casados se dirigía a visitar a los padres de la mujer. Al llegar a la orilla de un río, encontraron oculta tras unos matorrales a la mencionada calavera. Para su sorpresa, ésta les habló para suplicar al nativo que la condujera a la otra ribera. El hombre desconfió, pero su mujer le pidió que accediese y entonces se colocó al cráneo parlante sobre el hombro e hizo lo solicitado. Una vez que avanzaron hasta el otro lado del río, el nativo trató de quitarse a la calavera, mas ésta le mordió los dedos y lo amenazó con clavarle los dientes en el cuello y apretar sus mandíbulas hasta matarlo si no la llevaban hasta su aldea.

Sin hallar otro remedio, el hombre, acompañado por su asustada esposa, caminó durante horas por sitios desconocidos, atravesó un bosque siniestro y llegó por fin a un sitio desolado y con cabañas en ruinas. El cráneo maldito señaló que caminaran hasta el centro de la aldea. De repente, apareció un grupo numeroso de espíritus de aspecto aterrador, que felicitó a la calavera por llevar carne fresca para comer. Además, los espíritus ordenaron a los asustados nativos que recogieran leña para calentar el gran caldero donde serían cocinados y los apercibieron de que no intentaran escapar, pues los olerían, aun a la distancia, y los aniquilarían.

Resignada, la pareja se dispuso a recoger ramas secas y trozos de leña. De repente, apareció ante ellos una gran araña que les pidió tener cuidado de no rasgar las finas telas que acababa de tejer. El hombre se disculpó, le explicó al arácnido que trataría de no dañar sus tejidos, y de paso, le contó que tanto él como su mujer habían sido obligados a recoger leña, para después ser cocinados por los malvados espíritus.

La araña se condolió de los jóvenes, así que llamó a un antílope pigmeo para viajar hasta el centro de la aldea. Ahí, los fantasmas malignos esperaban con ansia a la pareja de recién casados. Sin darles tiempo para reaccionar, el arácnido tejió con rapidez una enorme y fuerte red en la que los atrapó. Cuando llegaron los nativos, les recomendó que huyeran mientras mantenía cautivos a los espíritus de ultratumba. Sin pensarlo dos veces, ambos escaparon a toda prisa. Cuando regresaron a su casa, contaron al pueblo lo sucedido. En señal de agradecimiento, se dispuso que, a partir de entonces, las arañas no serían molestadas y se respetarían sus artísticos tejidos en reciprocidad por la buena acción realizada.

Otra versión generada en África nos presenta un panorama menos sombrío que el anterior. Ésta considera que en el infierno los espíritus de los antepasados se desempeñan en forma similar a como lo hicieron en vida, e inclusive pueden ayudar mediante sus poderes a quienes aún viven.

Bajo este concepto, se dice que, hace muchos siglos, un anciano había logrado cultivar un excelente campo

de maíz pero, para su desgracia, una noche llegó hasta dicho lugar un puercoespín que se comió una gran cantidad de mazorcas e hizo destrozos en la plantación.

Muy enojado, el viejo campesino le pidió a su hija que vigilara el sembradío para evitar mayores daños y le dio una lanza para que, en caso necesario, la utilizara contra el ser destructor. La joven decidió solicitarle a su novio, un experto cazador, que tomara su lugar como cuidador nocturno; el mancebo, que le tenía gran cariño, aceptó. Para su fortuna, había Luna llena y pudo realizar su guardia desde un sitio elevado y estratégico, mientras luchaba para que el sueño no lo venciera.

Después de varias horas, cuando un viento helado comenzó a soplar y unas nubes cargadas de lluvia cubrían la luna, alcanzó a distinguir la figura del puercoespín que se acercaba al maizal. De inmediato, arrojó la certera lanza y logró clavarla en el lomo del animal, que huyó entre fuertes chillidos y con el arma hincada. Al día siguiente, cuando el joven narró lo ocurrido al padre de su novia, éste le agradeció su intervención, pero también le reveló que la lanza utilizada correspondía a una herencia familiar y que, de no recuperarla, jamás lo aceptaría como yerno.

El joven cazador se vio en la necesidad de buscar la madriguera del puercoespín. Cuando la encontró, se introdujo en ella con cautela y con su cuchillo en la mano, pues cualquier fiera herida resulta más peligrosa. Al percatarse de que la cueva era profunda, hubo de regresar al exterior para fabricar una antorcha que le permitiera ver en la negrura. Posteriormente regreso a la madriguera y caminó horas y horas sin encontrar nada. Después de mucho tiempo, vio una luz en el fondo del túnel y avanzó hacia allá, sólo para descubrir que conducía a un sitio selvático.

Caminaba asombrado por el sitio misterioso cuando, de pronto, tuvo ante sí a su padre, quien había muerto años atrás. Comprendió entonces que se encontraba en el país de los muertos y, feliz, abrazó a su progenitor, que le confirmó su suposición. Mientras caminaban juntos hacia la aldea de ultratumba, le contó a su padre los motivos que lo habían llevado hasta dicho lugar. Para su sorpresa, le dijo que el puercoespín herido era nada menos que su madre, quien se reponía de la herida en su casa.

El joven cazador de inmediato quiso ir a visitarla. Al entrar a la choza, vio a su madre recostada en una estera. En un rincón yacía la lanza del padre de su novia. Con gran alegría saludó a la anciana: pensaba ocultarle el incidente ocurrido con la lanza. Se anticipó su madre a revelarle que conocía la verdad. Apenado, se disculpó y prometió a la convaleciente que haría cualquier cosa para desagraviarla. Entonces, ella puso por condición que calentara al rojo vivo una piedra, lo que el nativo hizo de inmediato. Después, con los mágicos poderes que le concedía su calidad de moradora del país de los muertos, la difunta hizo aparecer sobre la piedra al carnero preferido de su hijo. Prosiguió a preguntar al animal si su amo había derramado alguna lágrima al enterarse

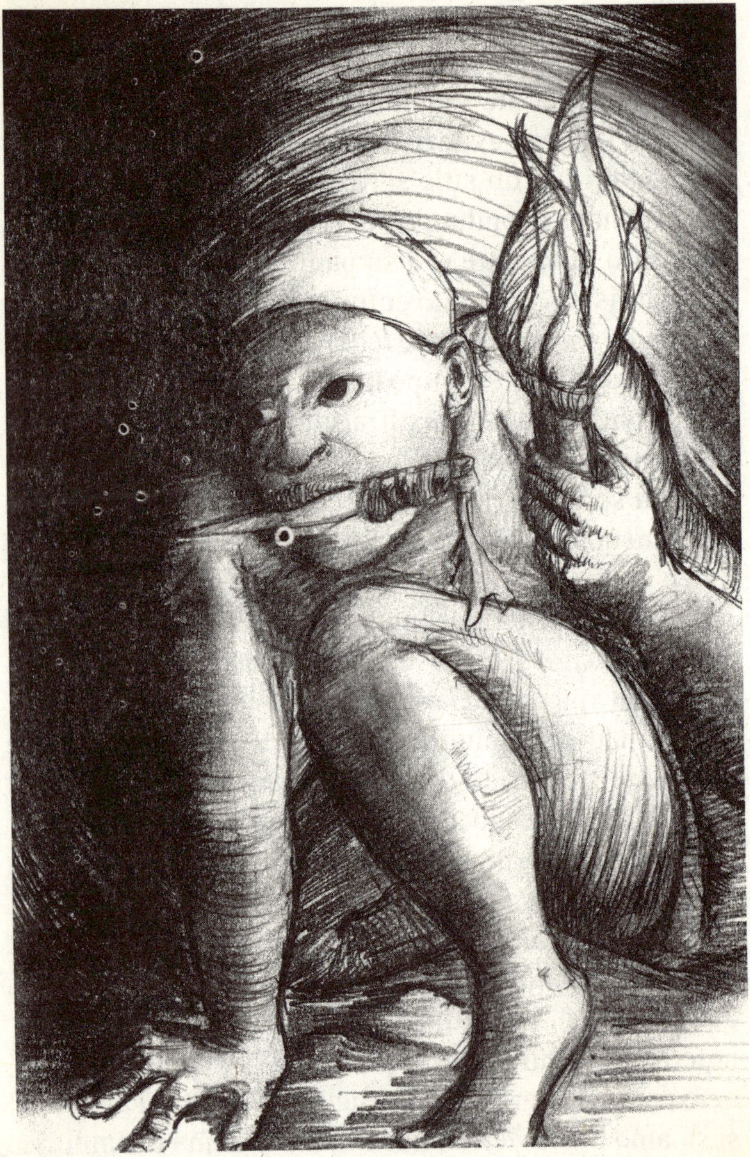

de que había herido a su madre metamorfoseada en puercoespín. Al obtener una respuesta negativa, se levantó de su estera; de cierta vasija tomó una pizca de un extraño polvo negro e invitó a su hijo a que lo aspirara. Él la obedeció una vez más, estornudó varias veces y de sus ojos brotaron lágrimas.

Con el llanto producido, la anciana se consideró desagraviada, le entregó a su hijo la lanza que buscaba y además le preguntó si le había agradado la sensación causada por el polvo misterioso. Habiendo obtenido una respuesta afirmativa, le informó a su hijo que se trataba de rapé y le obsequió una pequeña vasija que lo contenía. La difunta madre también le dio un puño de semillas de tabaco y le recomendó que lo cultivara en su jardín y lo vendiera entre los integrantes de su tribu. Después le acarició los párpados e hizo que cayera en un sueño profundo.

El cazador despertó en el maizal, al amanecer. A su lado halló la lanza y el frasco de rapé; además, constató que llevaba consigo las semillas de tabaco. Sin dudarlo, corrió hacia la choza en donde vivía su novia para narrar su aventura, a ella y a su padre.

Ambos lo escucharon con atención y el anciano se alegró de recuperar la lanza de sus antepasados. Además, recibió como regalo el frasco de rapé.

El joven cazador plantó las mágicas semillas de tabaco que le había obsequiado su madre fallecida y logró cultivar extensos plantíos que lo hicieron rico. Se casó con su novia y ambos alcanzaron la felicidad.

Bibliografía

Al-Saleh, Jairat. *Ciudades fabulosas, príncipes y yinn de la mitología árabe.* España: Editorial Anaya, 1985, 130 páginas.

Becker, Udo. *Enciclopedia de los símbolos.* México: Editorial Océano de México, 1977, 404 páginas.

Belmonte, Marisa y Margarita Bargueño. *Diccionario de mitología. Dioses, héroes, mitos y leyendas.* España: Editorial Diana, 2005, 310 páginas.

Branston, Brian. *Dioses y héroes de la mitología vikinga.* Segunda edición. España: Editorial Anaya, 1985, 156 páginas.

Brown, Kyle. *Leyendas de Egipto.* España: Edimat Libros, 2002, 126 páginas.

Chávez Ferrusca, José Salvador. *La búsqueda del Asgard.* Segunda edición. México: Editorial Fontamara, 1998, 218 páginas.

Cotterell, Arthur (compilador). *Enciclopedia de mitología universal.* España: Editorial Parragón, 2004, 320 páginas.

Fontrodona, Mariano. *Los celtas y sus mitos.* Primera edición. España: Editorial Bruguera, 1978, 220 páginas.

Gascó Contell, Emilio. *Mitología universal.* México: Modesto Vázquez García Editor, 1958, 308 páginas.

Guirand, Félix. *Mitología general.* Tercera reimpresión España: Editorial Labor, 1971, 678 páginas.

Julián, Nadia. *Enciclopedia de los mitos.* México: Editorial Océano de México, 1997, 400 páginas.

Knappert, Jan. *Reyes, dioses y espíritus de la mitología africana.* Primera edición. España: Editorial Anaya, 1988, 92 páginas.

Krickberg, Walter. *Mitos y leyendas de los aztecas, incas, mayas y muiscas.* Décima segunda reimpresión. México: Editorial Fondo de Cultura Económica, 2004, 268 páginas.

Papini, Giovanni. *El Diablo.* Cuarta edición. México: Editorial Época, 1987, 318 páginas.

Patterson, José. *Ángeles, profetas, rabinos y reyes de las leyendas del pueblo judío.* España: Editorial Anaya, 1991, 146 páginas.

Pérez Rioja, José Antonio. *Diccionario de símbolos y mitos.* Segunda edición. España: Editorial Tecnos, 1971, 434 páginas.

Smith, Houston. *Las religiones del mundo.* Décimo quinta reimpresión. México: Editorial Océano de México, 400 páginas.

Sodi, Demetrio M. *Así vivieron los mayas.* Vigésima reimpresión. México: Editorial Panorama, 2003, 162 páginas.

Usher, Kerry. *Emperadores, dioses y héroes de la mitología romana.* Quinta edición. España: Editorial Anaya, 1988, 132 páginas.

Vasconcelos, José (compilador). *Lecturas clásicas para niños.* Tomo I, México: UNAM-SEP, 1984, 332 páginas.

COLECCIÓN LITERATURA JUVENIL

Asesinato en el paraíso
Atrapados en el zodiaco
Entidades nocturnas
La flauta misteriosa
Los infiernos
Leyendas del Polo Norte
Leyendas de la Inquisición I / Instrumentos de tortura
Leyendas de la Inquisición II / Herejía y sambenitos
Leyendas de la Inquisición III / Apostasía, brujería y magia
Leyendas de la Inquisición IV / Prácticas judaizantes
Leyendas de la provincia mexicana / zona altiplano
Leyendas de la provincia mexicana / zona centro
Leyendas de la provincia mexicana /zona costera
Leyendas de la provincia mexicana / zona norte
Leyendas de la provincia mexicana / zona sureste
Leyendas de tierras extrañas
Paraísos legendarios. Relatos sobre reinos imaginarios
Poemas clásicos para jóvenes
Severo no tan severo -quiero ser malo y no puedo-
Simbad el marino, los siete viajes fantásticos

COLECCIONES

Aguaviva
Belleza
Negocios
Superación personal
Salud
Familia
Literatura infantil
Literatura juvenil
Ciencia para niños
Con los pelos de punta
Pequeños valientes
¡Que la fuerza te acompañe!
Juegos y acertijos
Manualidades
Memorias del Mundo
Cultural
Clásicos para niños
Didáctica
Esoterismo
Historia para niños
Historias de la Biblia
Humorismo
Huevocartoon
Interés general
Cocina
Inspiracional
Ajedrez
B. Traven
Biografías para niños
Clásicos juveniles
Sueños
México Mágico
Chequeras
Mis valores

Los infiernos
Tipografía: *Alógrafo / Ángela Trujano*
Interiores: *Abitivi de 75 g*
Portada: *Cartulina sulfatada de 12 pts.*
Encuadernación: *Rústica*
Tintas, barnices y pegamentos: *Liber Arts S.A. de C.V.*
Negativos de portada: *Promografic*
Negativos de interiores: *Daniel Bañuelos*
Impresión de portada: *Grupo Impresor Mexicano.*
Esta edición se imprimió en marzo de 2007,
en *Grupo Impresor Mexicano S.A. de C.V., cda.Trueno, mza. 88, lte. 31, col. San Miguel Teotongo.*